BEI GRIN MACHT SICH II
WISSEN BEZAHLT

- Wir veröffentlichen Ihre Hausarbeit,
  Bachelor- und Masterarbeit

- Ihr eigenes eBook und Buch -
  weltweit in allen wichtigen Shops

- Verdienen Sie an jedem Verkauf

Jetzt bei www.GRIN.com hochladen
und kostenlos publizieren

Bibliografische Information der Deutschen Nationalbibliothek:

Die Deutsche Bibliothek verzeichnet diese Publikation in der Deutschen National-
bibliografie; detaillierte bibliografische Daten sind im Internet über http://dnb.d-
nb.de/ abrufbar.

Impressum:

Copyright © 2010 GRIN Verlag, Open Publishing GmbH
Druck und Bindung: Books on Demand GmbH, Norderstedt Germany
ISBN: 9783640658039

Dieses Buch bei GRIN:

http://www.grin.com/de/e-book/153361/integration-von-open-source-ecms-in-
unternehmen-am-beispiel-alfresco-3

Sebastian Danninger

Integration von Open Source ECMS in Unternehmen am Beispiel Alfresco 3

GRIN Verlag

GRIN - Your knowledge has value

Der GRIN Verlag publiziert seit 1998 wissenschaftliche Arbeiten von Studenten, Hochschullehrern und anderen Akademikern als eBook und gedrucktes Buch. Die Verlagswebsite www.grin.com ist die ideale Plattform zur Veröffentlichung von Hausarbeiten, Abschlussarbeiten, wissenschaftlichen Aufsätzen, Dissertationen und Fachbüchern.

Besuchen Sie uns im Internet:

http://www.grin.com/

http://www.facebook.com/grincom

http://www.twitter.com/grin_com

INTEGRATION VON OPEN SOURCE ECMS IN

UNTERNEHMEN AM BEISPIEL ALFRESCO 3

Bachelorarbeit

zur Erlangung des akademischen Grades

Bachelor of Arts in Business (BA)

Eingereicht bei:

Fachhochschule Kufstein Tirol

Studiengang Wirtschaftsinformatik

Verfasser:

Sebastian Danninger

Kufstein, den 30.06.2010

INHALTSVERZEICHNIS

KURZFASSUNG

Der digitale Content in Unternehmen wächst extrem schnell an. Daher haben viele KMUs mittlerweile den Bedarf, diesen Content systematisch zu verwalten. Während kommerzielle Enterprise Content Management Systeme in der Anschaffung für KMUs zu teuer waren, hat sich hierdurch die kostenlose Open Source Alternative Alfresco einen neuen Markt geschaffen.

Die Einführung eines ECMS in einem Unternehmen benötigt weitreichende Planung und eine entsprechend angepasste technische Umsetzung.

Die Teilbereiche des Unternehmens werden durch die Untersysteme im Enterprise Content Management System abgebildet. So werden Dokumente effizient gespeichert und aufbereitet, Web Content im World Wide Web bereitgestellt und verwaltet und das Bearbeiten von gemeinsamen Aufgaben ermöglicht.

Hierbei gilt es zu beachten, das vorhandene Daten, Prozesse und Arbeitsschritte in das neue System übernommen werden müssen, bzw. das Ausführen dieser möglich sein muss. Die Risiken, die hierbei auftreten können, sind überschaubar und können durch detaillierte Planung minimiert werden.

Der Mehrwert eines ECMS für ein KMU ergibt sich aus dem Bedarf an der jeweiligen Softwarelösung und der Reduzierung von Arbeitsaufwand durch die automatisierte Unterstützung.

SUMMARY

Digital content is growing extremely fast in modern enterprises. Therefore many SMEs realized the need for a solution to handle and manage this content. Whereas commercial solutions are too expensive to acquire, the cost free Open Source alternative solution Alfresco built a new market for SMEs.

The implementation of a new ECMS into a company needs wise planning and an adopted technical realization of the concept.

The sub parts of the company are represented through sub systems in the Enterprise Content Management System. Therefore documents are stored efficiently and conditioned. Web content is published and managed for the World Wide Web and there is also a part for doing tasks in collaboration mode between groups of employees.

The important thing is to import all current data, processes and tasks that occur in the company into the new system. The risks that can arise in this cases can be handled and minimized smoothly if there is enough and detailed planning.

The value of an ECMS to a SME can be measured through the need for a software solution and the reduction in working tasks for certain processes that are supported by the ECMS.

ABKÜRZUNGSVERZEICHNIS

AIIM	Association for Information and Image Management
BPM	Business Process Modelling
CIFS	Common Internet File System
CMIS	Content Management Interoperability Services
DMS	Dokumenten Management System
DNS	Domain Name System
ECM	Enterprise Content Management
ECMS	Enterprise Content Management System
eEPK	erweiterte Ereignisgesteuerte Prozesskette
GPL	General Public License
IMAP	Internet Message Access Protocol
IT	Informationstechnik
KMU	Kleine und Mittlere Unternehmen
LDAP	Lightweigth Directory Access Protocol
NTLM	NT Lan Manager
RM	Records Management
SME	Small and Medium-sized Enterprise
SSO	Single Sign On
WCM	Web Content Management
WCMS	Web Content Management System
XML	Extensible Markup Language

ABBILDUNGSVERZEICHNIS

1 EINLEITUNG

Seit computerbasierte Systeme in Unternehmen die Verwaltung von Prozessabläufen, Dokumenten und Informationen übernommen haben, wurden Schritt für Schritt neue Bereiche, wie zum Beispiel das Verwalten von Dokumenten, durch Management Systeme abgebildet. Im Laufe dieser Entwicklung wurden Systeme geschaffen, die den gesamten Content, also das Wissen, die Inhalte und die Prozesse verwalten. Diese Systeme werden Enterprise Content Management Systeme genannt. Sie sind ein CMS für das komplette Enterprise (Unternehmen). Im Gegensatz zu einem CMS, das nur den Content eines Teilbereichs verwaltet (zum Beispiel *joomla*, welches nur für den Content von Webseiten zuständig ist), bedient ein ECMS alle Teilbereiche eines Unternehmens, in dem Content vorhanden ist, der durch ein IT System verwaltet werden kann bzw. die Generierung dessen unterstützt werden kann.

1.1 Motivation

Durch den Aufschwung des Open Source Enterprise Content Management Systems Alfresco wurde das Anwendungsgebiet der ECMS zunehmend auch für kleine und mittlere Unternehmen (KMU) relevant.[1]

Während kommerzielle Systeme in der Anschaffung mindestens einen sechsstelligen Euro Betrag kosten,[2] bietet zum Beispiel Alfresco eine kostenfreie und adaptierbare Lösung in diesem Segment an.

Die Motivation dieser Arbeit entstand aus dem sehr jungen Aufgabengebiet der Implementierung von Open Source ECMS in KMUs.

Die Implementierung von Open Source Systemen kann nicht mit einer Software Installation verglichen werden, sondern erfordert Konzeptionierung und Adaptierung des Systems an das jeweilige Unternehmen und dessen Bedürfnissen, was mit teilweise sehr hohem Zeitaufwand verbunden ist.

---

[1] Vgl. (Shariff, et al., 2009) S. 1

[2] Vgl. Total Cost of Ownership http://www.alfresco.com/products/whitepapers/ [Zugriff am 28.06.2010 00:49 Uhr]

1.2 Zielsetzung

Ziel dieser Arbeit ist, zu untersuchen, in wie weit die Implementierung eines ECMS in ein bestehendes KMU möglich ist. Hierfür wird *Alfresco 3*, der Marktführer im Segment Open Source ECMS, als Referenzsystem verwendet.[3] Des weiteren soll der Implementierungsprozess genauer analysiert werden, um Stärken und Schwächen der jeweiligen Systeme bzw. Lösungen aufzudecken.

Relevant sind hierbei vor allem unternehmenskritische Prozesse sowie gesetzliche Richtlinien und Auflagen. Ebenso werden technische Anforderungen wie zum Beispiel Vorgaben des IT Management evaluiert und bewertet.

Das Hauptaugenmerk der Arbeit im Bezug auf die Implementierung liegt bei den Aspekten Produktivität, Usability und Funktionsumfang.

1.3 Vorgehensweise

Nachdem es sich bei Open Source ECMS im Allgemeinen und Alfresco im Speziellen um ein sehr junges Themengebiet handelt, existieren zum Zeitpunkt der Erstellung dieser Arbeit nur wenige Monografien, die referenzierbar sind.

Daher wird diese Arbeit vermehrt durch Fachzeitschriftenartikel und Konferenzpaper sowie durch aktuelle Internetquellen getragen.

Ebenso wird auf allgemeine ECMS Literatur ausgewichen soweit dies möglich ist.

Zur Verdeutlichung der theoretischen Konstrukte werden Praxiserfahrungen des Autors in diese Arbeit einfließen.

Da Alfresco unter den frei verfügbaren Enterprise Content Management Systemen das funktionsstärkste und am häufigsten genutzte System ist, dient es dieser Arbeit als Referenzsystem.[4]

Die vier ECMS Teilbereiche werden am Beispiel Alfresco kurz dargestellt. Der Fokus wird hierzu auf Funktionen gelegt, die bei der Systemintegration und Migration eine Rolle spielen, wie z.B. die Übernahme von vorhandenen Dokumenten in das DMS oder eine

---

[3] http://www.cmscritic.com/resource-lists/ecm-list/ [Zugriff am 26.06.2010 11:04 Uhr]

[4] http://www.thevarguy.com/the-open-source-50/the-open-source-50-ranked-1-to-25-2010-edition/ [Zugriff am: 18.06.2010 16:36 Uhr

Übernahme von Workflows im Unternehmen in das System. Nachdem das Dokumenten Management System und Collaboration bei Alfresco weitaus stärker genutzt werden als WCM und Recordsmanagement, wird diese Arbeit die Teilbereiche auch dementsprechend betrachten und aufarbeiten.

Im dritten Kapitel werden die Risiken für ein KMU bei der Einführung eines ECMS in die produktive IT Umgebung analysiert und bewertet. Das folgende Kapitel widmet sich den Prozessen im Unternehmen bei der Implementierung eines ECMS. High Level Prozesse werden als Blockdiagramme dargestellt. Außerdem werden mit Hilfe von Microsoft Visio Diagrammen einige beispielhafte kritische Implementierungsprozesse modelliert.

Das Fazit wird abschließend versuchen die Forschungsfrage, „ist eine Integration von openSource ECMS in Unternehmen möglich?", gestützt durch die vorher erarbeiteten Erkenntnisse, zu beantworten.

2 ALFRESCO 3 & VERGLEICHBARE SYSTEME

Im Bereich ECMS gibt es wenige Systeme, da diese sehr komplex und mächtig sind. Die Aufgabe dieser Systeme ist, den kompletten Content eines Unternehmens abzubilden beziehungsweise zu verwalten. Die im Bereich ECMS führende Gesellschaft *AIIM* definiert ein ECM System wie folgt.

„Enterprise Content Management (ECM) is the strategies, methods and tools used to capture, manage, store, preserve, and deliver content and documents related to organizational processes. ECM tools and strategies allow the management of an organization's unstructured information, wherever that information exists."[5]

Alfresco hat es als einziges Open Source System geschafft, eine Konkurrenz für die etablierten ECMS *Documentum* und *OpenText* zu werden.

Das einzige Alternative Open Source ECMS *Nuxeo* hat nur wenige Kunden und ist daher nicht im Fokus.[6] Microsofts *SharePoint* bietet Module, die einem ECMS ähnlich sind. Es ist jedoch nicht als solches zu sehen, da es ein webbasiertes Intranet Portal ist, welches den Hauptfokus auf Collaboration (Zusammenarbeit) setzt.

2.1 DMS

Laut Götzer wird Dokumenten Management wie folgt definiert:

„Dokumenten-Management beinhaltet das Management der Dokumente, also primär Verwaltungsfunktionen und weniger die inhaltliche Konzeption und Erstellung, Das **Dokumenten-Management** *umfasst dabei alle Prozesse, Abläufe, und Verantwortlichkeiten, die mit der Administration von Dokumenten zusammenhängen."*[7]

Alfresco bietet eine Vielzahl an Funktionen und Prozessen, wie zum Beispiel das Umwandeln von Dokumenten in andere Formate, die die Verwaltung und Bearbeitung von Dokumenten unterstützen und erleichtern.

---

[5] Siehe http://www.aiim.org/What-is-ECM-Enterprise-Content-Management.aspx [Zugriff am: 19.06.2010 10:37 Uhr]

[6] http://www.nuxeo.com [Zugriff am: 19.06.2010 12:07 Uhr]

[7] Siehe (Götzer, et al., 2008) S.3

Im Folgenden Abschnitt werden diese nun betrachtet und analysiert.

2.1.1 Funktionen des Dokumenten Management System

Das DMS von Alfresco ist ein Repository, das nach dem neuesten Standard *JSR*-283 spezifiziert ist.[8] Es bietet ebenfalls als eines der ersten Repositories eine volle Unterstützung für *CMIS 1.0* an.

Alfresco war an der Entwicklung des CMIS Standards maßgeblich beteiligt.[9] CMIS steht für Content Management Interoperability Service und ermöglicht einen einheitlichen Zugriff auf Repositories, die diesen Standard implementiert haben. Folgende Grafik verdeutlicht die Struktur der Abfrage:

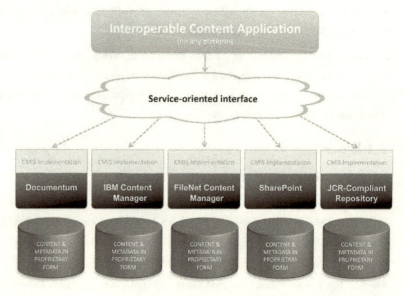

Abbildung 1: CMIS 1.0 Implementierung[10]

---

[8] http://jcp.org/en/jsr/detail?id=283 [Zugriff am 22.06.2010 11:06 Uhr]

[9] http://blogs.alfresco.com/wp/cmis/2010/04/30/cmis-10-is-ready-for-use-in-alfresco-33/ [Zugriff am 22.06.2010 11:30 Uhr]

[10] http://xml.coverpages.org/cmis.html [Zugriff am 22.06.2010 11:14 Uhr]

Durch das einheitliche Zugriffsmodell wird es möglich mit Hilfe von externen Applikationen auf die Inhalte der Repositories einheitlich zuzugreifen. Dadurch können zum Beispiel Import/Export Tools erstellt werden, die im Zuge der Migration von einem Repository zu einem Anderen zum Einsatz kommen können.

CMIS definiert den Zugriff auf Objekte im Repository und ermöglicht eine Manipulation dieser, bzw. die Erstellung von neuen Objekten, wie zum Beispiel Dokumente oder Ordner.

Eine CMIS Abfrage auf das Alfresco Repository kann einen Ordner erstellen, der mittels eines eigenen Content Models (in diesem Fall eine Erweiterung zu „cm:folder") definiert wird und kann die Metatags auch direkt befüllen. Dies ermöglicht es Hilfsprogramme zu schreiben, die direkt mit einem CMIS konformen Repository interagieren, ohne an das jeweilige DMS angepasst zu werden.

Alfresco bietet dem Kunden folgende Standard Funktionen zum Verwalten der Objekte (Dokumente, Bilder, Ordner, ...) im Repository:[11]

o Versionierung, CheckIn/Out: In Alfresco ist es möglich zu jedem Dokument eine Historie der Veränderungen einzusehen und ältere Versionen eines Dokuments wieder herzustellen. Außerdem kann ein Dokument während der Bearbeitungszeit gesperrt (CheckOut) werden, um zu vermeiden, dass andere Benutzer Änderungen vornehmen. Das wieder Einstellen in das System nennt sich CheckIn. Leseberechtigungen werden durch das Sperren eines Dokuments nicht beeinflusst.

o OpenSearch: Alfresco bietet eine Enterprise Search Engine, basierend auf dem Lucene Projekt an,[12] mit der es möglich ist das komplette Repository zu durchsuchen und hierfür auch Filter, wie Datum, Ersteller oder Aktualisierungszeitraum zu definieren. Auch die aus Google bekannte Überladung des Such-Query mit Parametern ist seit Version 3.3 möglich. Ein Beispiel hierfür wäre: „Bachelorarbeit_Alfresco type:docx Autor:sdanninger".[13] Diese Abfrage

---

[11] Vgl. (Shariff, et al., 2009) S. 127

[12] http://lucene.apache.org/java/docs/index.html [Zugriff am 26.06.2010 09:57 Uhr]

[13] http://wiki.alfresco.com/wiki/Alfresco_Community_Edition_3.3g#Search [Zugriff am 19.06.2010 15:22 Uhr]

würde nur Ergebnisse zurückliefern, die vom Dokumententyp „docx" sind und deren Autor der Nutzer „sdanninger" ist.

o Integration in *MS Office / Open Office*: Alfresco ist vollständig in die beiden marktführenden Office Lösungen integriert und erlaubt Office mittels Plugin kompletten Repository Zugriff (inklusive CheckIn/CheckOut und Upload).

o Representational State Transfer (REST)-basiert: Durch die REST Architektur wird es möglich, das Alfresco Repository in vorhandene Unternehmens Portale wie zum Beispiel Drupal oder *joomla* zu integrieren und vollständig zu nutzen.

o Business Rules: In Alfresco ist es möglich auf gewisse Aktionen im Repository Regeln anzuwenden. So kann beim Update eines Dokuments eine Email Benachrichtigung versendet werden oder dieses Dokument einem Workflow zugewiesen werden.

Auch das Ausführen von JavaScripts in dem Repository ist möglich um z.b. Dokumente anhand ihrer Metaeigenschaften in Ordner zu verschieben. Dadurch biete sich die Möglichkeit Dropbox Konzepte umzusetzen, die dem Mitarbeiter das Sortieren der Dokumente in die entsprechenden Ordner abnehmen und als zentrale Dokumenten Sammelstelle dienen.

Zur Vereinfachung des Regel Managements können Regeln in sogenannte Libraries zusammengefasst werden, die mehrere vordefinierte Regeln enthalten und auf einzelne Ordner / Aktionen im Repository angewendet werden können. Es ist dadurch nicht mehr nötig sich wiederholende Regelmuster (zum Beispiel bei verschiedenen Abteilungen mit gleichen Workflows) einzeln zu definieren.

Zur Zentralisierung der Verwaltung ist es möglich, diese Libraries zu verlinken.

o Workflow: Alfresco bietet einen einfachen Workflow zum Überprüfen eines Dokuments an, der jedoch den Anforderungen eines KMU nicht gerecht wird, da es die Dokumente nicht automatisiert an vordefinierte Benutzer weiterleitet, sondern nur an vordefinierte Ordner.

Es ist jedoch möglich, einen Workflow nach BPM Notation zu erstellen und diesen in das Repository zu deployen. Zur Modellierung unterstützt Alfresco *jBPM*,[14] bzw.

---

[14] http://edlovesjava.blogspot.com/2009/04/working-with-jbpm-workflows-in-alfresco.html [Zugriff am 25.06.2010 10:07 Uhr]

das Nachfolgeprojekt *Activit*,[15] das mit Hilfe der freien Development Suite *Eclipse* Workflows modelliert und in ein XML Paket packt archiviert.

Die aufgeführten Funktionen interagieren größtenteils miteinander. So ist es möglich per *REST API* auf die Versionierung zuzugreifen oder per Business Rule sogenannte Metatags eines Objektes zu manipulieren, beziehungsweise zu setzen.

Auch in der Erstellung von erweiterten Workflows können die Funktionen des Systems genutzt werden. So können Email Benachrichtigungen in den einzelnen Workflow Schritten gesetzt oder die Task List von Alfresco genutzt werden, um die Nutzung der Aufgaben im Workflow für die Anwender zu vereinfachen.

2.1.2 Migration Services

Alfresco bietet seit Mai 2010 die sogenannten *Migration Services* an.[16] Dieser Service ermöglicht es ein bestehendes Repository aus *Documentum* bzw. *SharePoint* in das Alfresco Repository zu kopieren.

Die jeweiligen Pakete werden aus *SharePoint / Documentum* exportiert und in Alfresco importiert. Hierfür sind jedoch Administrator Rechte sowohl im Quellsystem als auch im Zielsystem notwendig und müssen in diesem *ETL Studio* (Programm der Firma SAS) Workflow hinterlegt werden.[17] Business Rules können damit jedoch nicht übernommen werden.

Es ist jedoch wie in Kapitel 2.1.1 angeführt, seit Version 3.3 möglich, sogenannte Business Rules Libraries zu erstellen, mit denen man einen vordefinierten Regelsatz auf mehrere Ordner vererbt oder Regeln verlinkt um den Aufwand bei der Business Rule Definition zu minimieren.[18]

---

[15] http://www.activiti.org/screenshots.html#images/screenshots/activiti-modeler.png [Zugriff am 25.06.2010 10:01 Uhr]

[16] Vgl. http://www.alfresco.com/services/migration/ [Zugriff am 19.06.2010 13:48 Uhr]

[17] Vgl. http://www.sas.com/technologies/dw/entdiserver/index.html [Zugriff am 19.06.2010 15:02 Uhr]

[18] Vgl. http://wiki.alfresco.com/wiki/Alfresco_Community_Edition_3.3#Sites_and_Repository _Library_Enhancements [Zugriff am 19.06.2010 15:27 Uhr]

2.1.3 Common Internet File System (CIFS)

Das Common Internet File System ist eine Erweiterung zu Microsofts *SMB* (Server Message Block) das in Windows als Netzwerk Dateisystem fungiert. *CIFS* ermöglicht es Alfresco als Netzlaufwerk auf beliebigen Windows Clients einzubinden. Wie die folgende Grafik verdeutlicht, gibt es mehrere Wege auf das Repository zuzugreifen. Per CIFS kann Alfresco dann wie ein Windows Ordner verwendet werden.

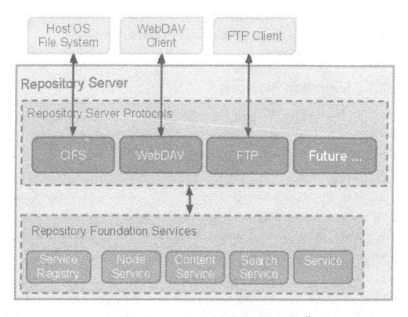

Abbildung 2: Repository Zugriff auf Dateisystem Ebene[19]

Abhängig von Benutzerrechten (Lese- / Schreibzugriff) können ganze Ordner kopiert oder einzelne Dokumente eingefügt werden, ohne dafür einen speziellen Upload Dialog zu nutzen. Metadaten, wie z.B. Erstellungsdatum und Autor, die in den gängigen Dateiformaten (doc/x, pdf, odf, jpg, …) hinterlegt sind, werden dem Dokument bzw. Ordner im Alfresco Repository automatisch zugewiesen.[20] In Documentum ist diese

---

[19] http://wiki.alfresco.com/wiki/Alfresco_Repository_Architecture [Zugriff am 19.06.2010 15:50 Uhr]

[20] Vgl. (Shariff, et al., 2009) S.154 ff.

Funktionalität ebenfalls vorhanden, wird jedoch nicht CIFS Server sondern File Share Service (DFSS) genannt.[21]

2.1.4 Import / Export

Alfresco bietet auch die Möglichkeit sogenannte ACP Pakete zu generieren. ACP bedeutet Alfresco Content Package und speichert den Inhalt eines Ordners / Repository in eine Datei, das man per Import Funktion in ein beliebiges Alfresco Repository mit kompatibler Versionsnummer einfügen kann.[22] Diese Funktion kann auch per Java commandline Utility aufgerufen werden und eignet sich daher als automatisierte Backup Möglichkeit für Alfresco Repository Content.

Documentum bietet einen eigenen Import Manager mit dem Importjobs erstellt werden können, welche vergleichbar mit 2.1.1 sind und sowohl Content als auch relevante Metadaten in das Documentum Repository integrieren.

Seit Version 3.2 ist es in Alfresco möglich, Dateien lokal in einer .ZIP Datei zu bündeln und diese Archiv Datei dann in einem Uploadvorgang an Alfresco zu senden. Das DMS entpackt die Inhalte anschließend automatisch und stellt diese in das System.

2.2 Web Content Management (WCM)

Ein Web Content Management System ist eine Art Content Management System, bei dem der Fokus auf die Bereitstellung von Websites und Web Applikationen liegt. Die Pflege der Inhalte durch ungeschulte Redakteure, wie es aus diversen CMS Lösungen (zum Beispiel *joomla*) bekannt ist, ist keine Aufgabe des WCMS. Das WCMS dient als Container für Web Inhalte und bietet die technische Grundlage diese Inhalte im Internet zur Verfügung zu stellen.

2.2.1 Alfresco WCM

Das WCMS von Alfresco interagiert mit dem DMS Subsystem und kann so auf die Inhalte des Dokumenten Repository zugreifen und diese für das Web aufbereiten. Es ist auch

---

[21] http://switzerland.emc.com/collateral/software/data-sheet/h4516-my-documentum-desktop.pdf [Zugriff am 26.06.2010 10:18 Uhr]

[22] Vgl. (Shariff, et al., 2009) S. 526

möglich Alfresco mittels WCMS in bestehende Unternehmensportale wie *OpenAtrium* oder *Drupal* zu integrieren.[23]

Alfresco bietet einige Funktionen, die das migrieren von vorhandenen Web-Projekten erleichtern. Im Folgenden werden diese nun betrachtet.[24]

o Netzlaufwerk: Ähnlich dem *CIFS* Server in Kapitel 2.1.3 bietet auch das WCMS ein Netzlaufwerk um auf das Repository zuzugreifen. Entwickler können dadurch ihre Webseiten direkt bearbeiten und müssen nicht lokal entwickeln und die Updates per Webinterface durchführen. Auch die Verwendung eigener Editoren wie *PHP Designer* wird dadurch ermöglicht.

o Sandboxing und Virtualisierung: Das Alfresco WCMS unterstützt die Möglichkeit Web Applikationen in einer Sandbox auszuführen. Dadurch läuft die Applikation in einem Modus der dem eines Runtime Compilers ähnlich ist.[25]

Die Sandbox ist ein in sich abgeschlossenes System. Sollten die Tests in der Sandbox erfolgreich sein und die Web Applikation freigegeben werden, bietet Alfresco die Möglichkeit, dies als virtualisierte Lösung zu machen. Die Web Applikation läuft dann als eigenes System in dem WCM Modul.

Der Unterschied zur Sandbox ist, dass die virtualisierte Lösung produktiv läuft (Performance, Security, Usability...) und über das Internet erreichbar ist.

o Templates: Wie jedes gängige CMS unterstützt auch Alfresco Templates. Es ist also möglich, bereits vorhandene Templates (zum Beispiel aus *joomla*) nach Alfresco zu importieren, ohne das gesamte Projekt neu zu gestalten. Die Migration verläuft hier problemlos und mit sehr geringem Aufwand.

o *JSR-168* und *REST*:[26] Alfresco unterstützt die weit verbreiteten Standards *JSR-168* und *REST*, was die Integration in Enterprise Portale, die ebenfalls auf diesen Standards basieren, ermöglicht.

---

[23]   http://labs.optaros.com/2009/10/12/open-atrium-and-alfresco-via-cmis-for-intranets   [Zugriff   am 26.06.2010 11:32 Uhr]

[24] Vgl. (Potts, 2008) S. 341

[25] http://wiki.alfresco.com/wiki/WCM_Services_Layer [Zugriff am 26.06.2010 12:29 Uhr]

[26] http://jcp.org/en/jsr/detail?id=168 [Zugriff am 26.06.2010 12:30 Uhr]

Vor allem in KMUs ist es essentiell, möglichst wenige Systeme bzw. Frontends zu nutzen, da jedes System für die Mitarbeiter eine zusätzliche Belastung darstellt.

o SURF Plattform: Alfresco hat mit SURF ein Framework entwickelt, das es im Web Content Management ermöglicht, den Presentation Layer mit Hilfe von Web Scripts zu erstellen, wie folgende Grafik veranschaulicht.

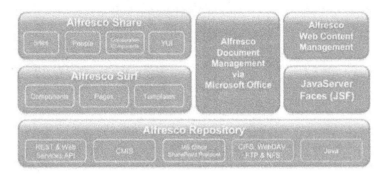

Abbildung 3: Alfresco SURF Stack[27]

Der Fokus liegt hierbei auf der Modularität, so dass erstellte Bausteine, Templates, etc. möglichst einfach wiederverwendet werden können.

Eine CMIS Implementierung ist ebenfalls vorhanden, was die Interaktion des WCM mit allen CMIS konformen Repositories ermöglicht.

o Single-Sign-On: Das Alfresco WCM unterstützt die weit verbreiteten SSO Methoden *LDAP* und *NTLM*, welche in den meisten KMUs als Active Directory Dienste genutzt werden um die digitale Identität der Mitarbeiter im Unternehmen abzubilden.

2.2.2 Documentum WCM

ECM hat das WCM System in drei Subsysteme aufgeteilt.[28]

o Web Publisher: Der Web Publisher Service dient den Administratoren, den Content von Webpages und Web Applikationen online zu stellen und unterstützt die

---

[27] http://www.cmswire.com/cms/enterprise-cms/under-the-covers-alfrescos-sharepoint-services-wss-killer-004004.php [Zugriff am 26.06.2010 15:48 Uhr]

[28] http://ecmarchitect.com/documentum-wcm-overview [Zugriff am 26.06.2010 14:00 Uhr]

Redakteure bei der Erstellung neuer Inhalte. Wie bei Alfresco werden auch hier Templates unterstützt. Zusätzlich bietet Documentum jedoch auch Versionierung für Web Content an.

o Site Caching Service (SCS): Der Site Caching Service dient als Schnittstelle zwischen Content Repository und Web Server. Der Dienst bereitet die Objekte anhand Ihrer Metadaten auf und liefert sie in verwertbarem Format an den Webserver, der diese im Internet zur Verfügung stellt.

o Site Delivery Service (SDS): Der Site Delivery Service kann genutzt werden wenn eine Seite im WCM auf mehreren Web Servern veröffentlicht wird. Im Gegensatz zum Site Caching Service achtet der Delivery Service darauf, wohin er Content repliziert und überprüft, dass die Server die richtigen Versionen bereitstellen. Der Nachteil des SDS ist, dass keine Verbindung zum Content Repository von Documentum besteht und der SDS somit nicht verwendet werden kann, wenn Inhalte aus dem Repository benötigt wird.

2.3 Records Management

Die International Organization for Standardization hat Records Management in der *ISO 15489* wie folgt definiert:

„Records Management ist als Führungsaufgabe wahrzunehmende, effiziente und systematische Kontrolle und Durchführung der Erstellung, Entgegennahme, Aufbewahrung, Nutzung und Aussonderung von Schriftgut einschließlich der Vorgänge zur Erfassung und Aufbewahrung von Nachweisen und Informationen über Geschäftsabläufe und Transaktionen in Form von Akten."[29]

Nachdem Alfresco ein US amerikanisches Unternehmen ist, gilt dort die (vergleichbare) *DoD 5015.02*, zu der das Records Management Modul von Alfresco vollständig

---

[29] Siehe http://www.iso.org/iso/iso_catalogue/catalogue_tc/catalogue_detail.htm?csnumber=31908 [Zugriff am 26.06.2010 12:56 Uhr]

kompatibel ist.[30] Die gängigen Standards *MoReq2* und *NOARK* werden ebenfalls unterstützt.[31]

Eine Übernahme bestehender Record Datensätze ist dank dieser Standards kein Problem. Das Importieren kann über ein CIFS Netzlaufwerk (siehe Kapitel 2.1.3) geschehen und benötigt daher wenig Zeitaufwand, solang die Datensätze nicht angepasst werden sollen (benutzerdefinierte Metatags).

Für Emails steht eine *IMAP* Schnittstelle im System zur Verfügung, mittels der neue Datensätze per Drag'n'Drop Funktion in das System gestellt werden können.[32] Das Record Management Modul von Alfresco besitzt zusätzlich einen Metadata Extractor, der im Datensatz hinterlegte und bekannte Metatags automatisiert übernimmt und eine manuelle Eingabe überflüssig macht. Documentum bietet ebenfalls einen Records Manager, der zusätzlich noch das Erstellen von Policies unterstützt, die den Lebenszyklus eines Records im Archiv definieren.[33]

2.4 Collaboration

Collaboration (deutsch: Zusammenarbeit) ist ein essentieller Bestandteil eines ECMS. Collaboration bietet den Anwendern ein virtuelles Arbeitszimmer, in dem Arbeiten an Projekten gemeinsam erledigt werden können. Eine Migration bestehender Projekte in das Collaboration Modul von Alfresco gestaltet sich daher schwierig. Alfresco bietet jedoch als erstes ECMS die Möglichkeit an, sich direkt mit Microsoft *SharePoint* zu verknüpfen und Inhalte per *SharePoint* Protocol Support nach Alfresco zu migrieren, wie folgende Grafik veranschaulicht.[34]

---

[30] http://www.iso.org/iso/iso_catalogue/catalogue_tc/catalogue_detail.htm?csnumber=31908 [Zugriff am 26.06.2010 12:59 Uhr]

[31] http://www.alfresco.com/products/records-management/ [Zugriff am 26.06.2010 13:01 Uhr]

[32] http://www.carahsoft.com/resources/Alfresco/AlfrescoRecordsManagement.pdf [Zugriff am 26.06.2010 13:15 Uhr]

[33] http://www.emc.com/collateral/software/data-sheet/h3127-records-mgt-ds.pdf [Zugriff am 26.06.2010 15:21 Uhr]

[34] Vgl. (Shariff, et al., 2009) S. 426 f.

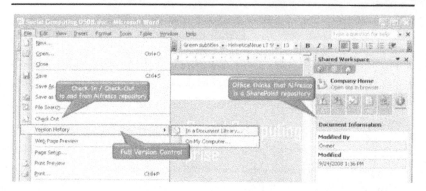

Abbildung 4: SharePoint Support[35]

Nuxeo bietet mittlerweile auch eine Schnittstelle zu Microsofts *SharePoint* Solution an. Zusätzlich zu Alfresco bietet *Nuxeo* noch einen Offline Client mit dem ein Lesezugriff auf die virtuellen Arbeitszimmer besteht und sich so zumindest die bereits erarbeiteten Inhalte abrufen lassen.[36]

Das *Documentum* Pendant zu den bereits vorgestellten Collaboration Suites heißt *EMC Documentum CenterStage* und unterstützt zusätzlich das Anlegen von Templates für Arbeitsräume.[37]

---

[35] http://www.alfresco.com/products/collaboration/ [Zugriff am 28.06.2010 02:27 Uhr]

[36] http://www.nuxeo.com/en/products/dm/features#share-collaborate [Zugriff am 26.06.2010 15:34 Uhr]

[37] http://www.emc.com/products/detail/software/centerstage.htm [Zugriff am 26.06.2010 15:39 Uhr]

3 RISIKEN

Bei der Implementierung von Softwaresystemen in Unternehmen kann es zu verschiedensten Problemen kommen, die in diesem Kapitel beleuchtet und auf das Beispiel Alfresco 3 hin bewertet werden.

o Datenverlust: Bei der Übernahme von Daten aus den sogenannten Legacy Systemen in das ECMS ist darauf zu achten, dass alle Datensätze, die für das produktive neue System benötigt werden, auch in dieses überführt werden. In Alfresco existiert keine Statistik, die ein Abgleichen der Dateianzahl oder der Gesamtgröße mit dem vorherigen Bestand ermöglicht. Es kann jedoch die komplette Repository Aktivität geloggt und dann ausgewertet werden.

o Redundanzen: Ein sehr häufiges Problem ist, dass Redundanzen existieren, da Inhalte mehrfach kopiert werden. In einem DMS ist dies sehr schlecht, da dadurch zwei Benutzer an der gleichen Version arbeiten und somit zwei Versionen eines Dokuments entstehen können. Diese unterscheiden sich komplett und es ist nicht mehr bzw. kaum zuordbar, welches Objekt das Original ist.

o Nutzerakzeptanz: Bei der Evaluierung von neuen Systemen ist die Benutzerfreundlichkeit des Systems einer der wichtigsten Faktoren. Alfresco bietet einen sehr großen Funktionsumfang, das Front End war jedoch nicht Endnutzer tauglich, da es zu überladen ist. Durch die komplette Integration des DMS in Alfresco Share (Collboration, Version 3.3 Community)[38] wurde diesem Problem entgegengewirkt. Eine noch besser Alternative stellt *DoCASU* von Alfresco Platin Partner Optaros dar.[39] Dieses Frontend nutzt aktuellste Technologien, wie das *jQuery* Framework um dem Nutzer das DMS möglichst simpel und performant darzustellen.

o Legacy Systeme: Alte Systeme werden in der Übergangsphase meist beibehalten, um eine Backup Lösung zur Verfügung zu haben, falls das neue System sich als fehlerhaft oder unfähig erweist.

---

[38] http://wiki.alfresco.com/wiki/Alfresco_Community_Edition_3.3 [Zugriff am 26.06.2010 16:50 Uhr]

[39] http://docasu.sourceforge.net/demo.html [Zugriff am 26.06.2010 16:52 Uhr]

Im DMS System war der Vorgänger meist ein gemeinsames Netzlaufwerk. Problematisch wird es auch, wenn ein Teil der Nutzer aktuelle Daten in das Dateisystem stellt, anstatt diese in das DMS zu laden. Dadurch gehen unter Umständen Versionssprünge verloren oder die „offiziellen" Dokumente im DMS sind veraltet.

o Fehlerhafte Systemevaluierung: Ein System muss immer die spezifischen Bedürfnisse und Prozesse eines Unternehmens befriedigen und unterstützen. Wenn in der Evaluierungsphase nicht ausreichend geprüft wird, ob das System die benötigten Prozesse auch produktiv und unter Volllast durchführen kann, bereitet dies Probleme, wenn das System in produktivem Zustand zusammenbricht. Oftmals haben gerade günstige Systeme von kleinen Softwarefirmen das Problem, dass sie der Last eines produktiven Unternehmens nicht gewachsen sind.[40] Alfresco wirkt dem in der Enterprise Edition durch eine Serie von Belastungstests entgegen und garantiert die Stabilität des Systems. Der komplette Q&A Prozess ist auf folgender Grafik verdeutlicht:

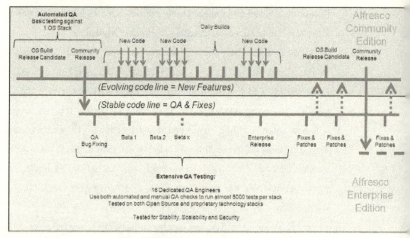

Abbildung 5: Alfresco Q&A[41]

Alfresco nutzt in diesem System die Community Edition als Beta Test Version. Die Enterprise Edition fungiert als getestete Stable Version in einem sehr guten Q&A

---

[40] http://www.danto.de [Zugriff am 26.06.2010 17:10 Uhr]

[41] http://www.alfresco.com/services/subscription/quality-assurance/ [Zugriff am 26.06.2010 17:13 Uhr]

Prozess mit sehr wenigen Bug Reports in der Enterprise Edition (Stand 26.06.2010: Enterprise Edition 3.3 seit Veröffentlichung 0 neue Bugs erstellt und 2 vorhandene Bugs behoben).[42]

o Backup: Bevor neue Systeme produktiv betrieben werden können, muss sichergestellt sein, dass die Backup Lösung funktionsfähig ist.[43] Dies sollte auch regelmäßig geprüft werden, da fehlerhafte Backups im Falle eines Systemabsturzes bei einem neuen System sehr große Datenmengen und sensible Unternehmensdaten vernichten können.

---

[42] https://issues.alfresco.com/jira/browse/ETHREEOH [Zugriff am 26.06.2010 17:20 Uhr]

[43] Vgl. (Shariff, et al., 2009) S.531

4 CHANGEPROZESSE IM RAHMEN DER IMPLEMENTIERUNG

Während der Implementierung eines neuen Enterprise Content Management Systems in einem KMU kommt es zu vielen Veränderungen. So müssen unter anderem Unternehmensabläufe in dem neuen System modelliert, Datenbestände übernommen und Mitarbeiter auf das neue System geschult werden.[44]

Ziel dieses Kapitels ist nun, einige der Risiken aus dem Kapitel auf Prozessebene genauer zu betrachten und die einzelnen Schritte in den Prozessen kurz zu betrachten. Als Modellierungssprache für diesen Ablauf wird die erweiterte Ereignisgesteuerte Prozesskette verwendet (eEPK).

Folgendes eEPK beschreibt den Highlevel Prozess „neues ECMS":

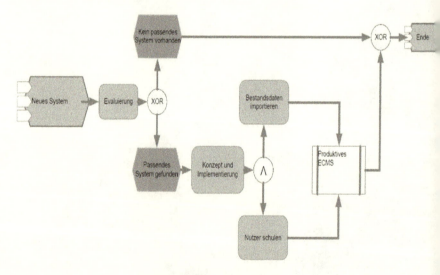

Abbildung 6: eEPK neues ECMS[45]

---

[44] (Shariff, et al., 2009) S. 63

[45] Eigene Darstellung

Dieser Prozess auf höchster Ebene beschreibt die vier wichtigsten Aufgaben bei der Anschaffung und Einführung eines Enterprise Content Management Systems in einem KMU:

- o   Evaluierung
- o   Konzept & Implementierung
- o   Bestandsdaten Import
- o   Nutzer Schulung

Diese vier Prozesse sollen nun genauer betrachtet und analysiert werden, um im abschließenden Kapitel die zentrale Forschungsfrage dieser Arbeit beantworten zu können. Es werden jedoch nicht alle Details beschrieben, da hinter den einzelnen Schritten oftmals sehr detaillierte Abläufe stehen.

4.1 Evaluierung

ECMS Evaluierung

| Anforderungen an System definieren | Prozesse und Workflows im Unternehmen abbilden | Mögliche Systeme auflisten | Anforderungen mit Funktionen vergleichen | Entscheiden |

Abbildung 7: Blockdiagramm ECMS Evaluierung[46]

Der Prozess „Evaluierung" beschreibt den Entscheidungsfindungsprozess, der üblicherweise stattfindet, wenn ein Unternehmen einen Bedarf feststellt und durch eine Lösung befriedigen will. Im Bereich der ECMS Evaluierung sind hierfür fünf Schritte essentiell.

So gilt es zuerst festzulegen, was für ein System benötigt wird und welche Funktionen es besitzen muss. Möglich wäre zum Beispiel, dass ein Unternehmen nur ein WCM braucht, dann wäre die Anschaffung eines ECMS zu kostenintensiv und ein WCM wie *joomla* oder

---

[46] Eigene Darstellung

wordpress günstiger und effizienter. Ein ECMS macht nur Sinn, wenn eine Lösung mit möglichst wenig verschiedenen Systemen für ein Unternehmen benötigt wird.

Für ein ECMS ist es wichtig zu definieren, welche Prozesse und Workflows im Unternehmen durch das System gelenkt werden sollen. So macht es wenig Sinn, Prozesse abzubilden, für die der Verwaltungs- und Implementierungsaufwand höher ist, als die Durchführung des Prozesses ohne systematische Unterstützung.

Sobald mögliche Systeme gefunden wurden, gilt es die Anforderungen, die das Unternehmen hat, mit dem Funktionsumfang der einzelnen Systeme abzugleichen und zu entscheiden, welches der Systeme bei vertretbaren Kosten die beste Abdeckung der Bedürfnisse des Unternehmens ermöglicht.

4.2 Konzeption & Implementierung

| Definition Unternehmens-bereiche | Umsetzung auf Systemebene | Umsetzung Rechtemodell | Testläufe | System produktiv schalten |

Abbildung 8: Blockdiagramm Konzept & Implementierung[47]

Der Prozess „Konzept & Implementierung" beschreibt den üblichen Weg eines Unternehmens von der Entscheidung für ein ECMS bis zum produktiven System.

Zuerst werden hierfür die Teilbereiche des Unternehmens definiert, die das ECMS abbilden soll. Dies ist besonders wichtig für die Implementierung des DMS, da es hier essentiell ist, alle Bereiche abzubilden, die in den einzelnen Dokumenten Lifecycles beziehungsweise in den Workflows eine Rolle spielen.[48]

---

[47] Eigene Darstellung

[48] (Shariff, et al., 2009) S. 170

Anschließend folgt die Abbildung dieser Teilbereiche auf technischer Ebene. Hierfür werden Ordnerstrukturen geschaffen, Workflows hinterlegt, Business Rules gesetzt und eigene Datentypen definiert, welche die unternehmensspezifischen Daten abbilden (Metatags).[49]

Der nächste Schritt ist die Erstellung eines Rechtemodells für das ECMS, das die Berechtigungen der einzelnen Mitarbeiter des Unternehmens im System abbildet. Meist ist ein Active Directory Dienst vorhanden, von dem die Nutzer importiert werden können.[50] Allerdings müssen trotzdem die einzelnen Berechtigungen gesetzt werden, da zum Beispiel Alfresco, verglichen mit Windows, ein vielfach komplexeres Rechtemodell hat und Berechtigungen pro Ordner vergibt.[51]

Bevor das System produktiv läuft, müssen abschließende Testläufe durchgeführt werden, die den Betrieb unter Volllast simulieren und alle benötigten Funktionen auf Korrektheit überprüfen.[52] Hierbei auftretende Fehler müssen behoben werden. Sobald alle Tests fehlerfrei durchlaufen wurden, kann das System produktiv verwendet werden.

4.3 Bestandsdaten Import

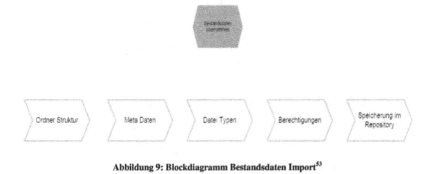

Abbildung 9: Blockdiagramm Bestandsdaten Import[53]

---

[49] Vgl. (Potts, 2008) S. 59

[50] Vgl. (Caruana, et al., 2010) S. 103

[51] Vgl. (Shariff, et al., 2009) S. 86

[52]   http://www.contentmanager.de/magazin/artikel_244_testen_in_content_management_projekten.html [Zugriff am 28.06.2010 01:02 Uhr]

[53] Eigene Darstellung

Dieses eEPK Diagramm zeigt den Prozess der Migrierung von Bestandsdaten aus einem Repository nach Alfresco. Dies läuft automatisiert ab. Jedoch ist der Prozessablauf sehr ähnlich, wenn zum Beispiel aus einem Filesystem Daten in ein ECMS Repository übernommen werden.

Zuerst werden Ordner und Dateien in das neue System kopiert. Bei eigenen Metatypen müssen die Objekte zuerst dem Content Typ zugewiesen werden (zum Beispiel cm:customDoc) um dann mittels automatisiertem Metadata Extractor die Metadaten automatisch zuzuweisen.[54]

Anschließend müssen Berechtigungen auf die einzelnen Ordner, Workflows und Dokumente gesetzt werden. Dies gilt es in einem weiteren Testlauf zu verifizieren, um sicherzustellen, dass ein reibungsloser Wechsel der Systeme von Statten geht.

4.4 Nutzer Schulung

Der abschließende Task bei der Einführung eines neuen ECMS ist die Schulung der Nutzer auf das neue System. Oftmals scheitern neue Systeme an der Akzeptanz durch die Mitarbeiter, die die Systeme nutzen sollen. Eine gute Schulung für ein neues System kann die Hemmschwelle der Mitarbeiter hier deutlich senken und die Akzeptanz für das System steigern.

Alfresco bietet spezielle Trainingskurse an, die sich jedoch gezielt an Administratoren und Entwickler richten und für Enduser wenig Sinn machen. Daher ist eine hausinterne Schulung unumgänglich.[55] Es gibt jedoch sogenannte Webinars, dies sind Online Kurse, die die Grundfunktionen des Systems erklären und einfache Aktionen erklären.[56]

Im Alfresco Partner Programm werden Consulting Unternehmen zertifiziert, die für eine gewisse Region auch Anwenderschulungen durchführen. Für den Bereich Deutschland und Österreich ist dies die Firma *Westernacher*, die auch die Betreuung der Alfresco Kunden in den USA übernimmt.[57]

---

[54] Vgl. (Potts, 2008) S. 134

[55] http://university.alfresco.com/training/categories.html [Zugriff am 28.06.2010 02:14 Uhr]

[56] http://blogs.alfresco.com/wp/webcasts/alfresco-webcast-home-page/ [Zugriff am 28.06.2010 02:32 Uhr]

[57] http://www.westernacher.com/wup/dcms/sites/wp2/de/produkte/ecm/training/index.html [Zugriff am 28.06.2010 02:36 Uhr]

5 FAZIT

Die Entwicklung von Open Source Produkten schreitet schnell voran. Waren es vor einigen Jahren noch kleine Softwareprojekte, die in der Community Open Source entwickelt wurden, sind es mittlerweile sehr große Projekte, die quelloffen erstellt werden, Beispiele hierfür wären *OpenOffice* und das *SugarCRM*.[58]

Mit Alfresco und *Nuxeo* gibt es nun zwei Open Source ECM Systeme, die den etablierten Produkten *EMC Documentum*, *OpenText* und Microsoft *SharePoint* Konkurrenz machen. Die Kundenzahlen von Alfresco belegen, dass dies durchaus gelingt. So gab es Ende 2009 bereits über 1000 Enterprise Kunden.[59]

Für die Open Source ECMS Bewegung spricht, das es mittlerweile sehr weit entwickelte Standards gibt, die den Aufbau von Repositories und Systemen genau definieren und von den Produkten auf dem Markt übergreifend verwendet werden. Ein Beispiel hierfür wäre der *CMIS 1.0* Standard aus Kapitel 2.1.1. Die Systeme bieten übergreifende Schnittstellen wie die *REST API* (Kapitel 2.1.1) oder die Integration des SharePoint Protokolls, zur nahtlosen Integration in die sehr weit verbreitete *MS Office* Umgebung.

Durch das Migrationstool *ETL Studio* der Firma SAS ist es möglich, Inhalte zwischen beliebigen Systemen (Repositories, Filesystems, Datenbanken) in Alfresco / Nuxeo zu integrieren. Dies minimiert den Vorteil von kommerziellen Lösungen wie Documentum, die durch zahlreiche Importtools bisher die Umstellung auf ihr System massiv erleichtert haben.

Alfresco hat sich im Punkt Benutzerfreundlichkeit sehr stark verbessert. Galt dies lange Zeit als größter Makel, wurde durch das nutzerfreundliche Frontend *DoCASU* (siehe Kapitel 3) hier eine akzeptable Lösung gefunden. *Nuxeo* ist hier noch nicht so weit und hat ein sehr überladenes Interface, in dem sich der durchschnittliche Nutzer nicht auf Anhieb zu Recht findet.

Ähnlich ist die Situation in der Qualitätssicherung der Community Contributions. Alfresco hat hier mittlerweile einen effizienten Weg gewählt, fehlerhaften Quellcodes frühzeitig zu

---

[58] http://www.sugarcrm.com/crm/ [Zugriff am 28.06.2010 13:44 Uhr]

[59] http://www.alfresco.com/customers/ [Zugriff am 28.06.2010 14:10 Uhr]

entdecken. Jedoch können einzelne Subsysteme immer wieder Fehler beinhalten, die aber auch entsprechend schnell behoben werden (siehe Kapitel 3).

Während die letzten beiden Probleme bereits Lösungsansätze vorweisen können, die bereits gut funktionieren, gibt es jedoch auch Kritikpunkte, die noch nicht behandelt wurden. So gibt es in keinem der beiden Open Source ECMS eine Prüfung auf Redundanzen im System (Kapitel 3). Noch kritischer ist das Fehlen einer automatisierten Backuplösung. Weder Alfresco noch *Nuxeo* bieten dies bisher automatisiert an. Kommerzielle Lösungen wie z.b. Documentum bieten hier Tools an, die im Betrieb automatisiert sogenannte „Hot Backups" erstellen.[60]

Ebenfalls negativ wirken sich die vielen Versionssprünge aus, die durch die vielen Entwickler und häufigen Updates entstehen. Während bei kommerziellen Lösungen Patches verfügbar sind, (*Documentum, OpenText*) müssen in Alfresco und *Nuxeo* immer neue Systeme installiert werden. Im Update Modus werden dazu Teilbereiche der Daten gesichert, aktualisiert und danach zurück gespielt. Diesen administrative Overhead gilt es noch zu reduzieren.

Insgesamt kann zusammengefasst werden, dass vor allem Alfresco auf einem sehr hohen Niveau agiert und eine ernsthafte Konkurrenz zu den Marktführern *OpenText* und *EMC/Documentum* geworden ist. Dies verdeutlicht sich vor allem durch die Migration Services und daraus resultierenden Customer Stories, die beschreiben, wie der Umstieg von *SharePoint/Documentum/OpenText* nach Alfresco verlief.[61] Der Forschungsfrage kann eindeutig zugestimmt werden, da alle relevanten Aspekte durch Alfresco und bedingt auch durch *Nuxeo* erfüllt werden.

---

[60] http://www.cya.com/en/Home/tabid/67/ctl/Details/mid/700/ItemID/66/Default.aspx [Zugriff am 28.06.2010 14:36 Uhr]

[61] http://www.alfresco.com/media/releases/2010/05/miller_group/ [Zugriff am 28.06.2010 14:40 Uhr]

LITERATURVERZEICHNIS

Activiti BPMN. [Online] [Zitat vom: 25. Juni 2010.] http://www.activit.org.

Alfresco.com. [Online] [Zitat vom: 28. Juni 2010.] http://www.alfresco.com.

Apache Foundation. [Online] [Zitat vom: 19. Juni 2010.] http://lucene.apache.org.

Association for Information and Image Management. [Online] [Zitat vom: 19. Juni 2010.] http://www.aiim.org.

Baltrusch, Kaiser und Reimer. 2009. *Kosten runter? ECM rein! - Wie moderne Software für Enterprise Content Management (ECM) das Informationsmanagement optimiert.* Deutsch : Re Di Roma, 2009. 978-386-870-0633.

Carahsoft. [Online] [Zitat vom: 26. Juni 2010.] http://www.carahsoft.com.

Caruana, David, et al. 2010. *Professional Alfresco.* Indianapolis : Wiley Publishing Inc., 2010. 978-0-470-57104-0.

CMSCritic. [Online] [Zitat vom: 18. Juni 2010.] http://www.cmscritic.com.

Contentmanager. [Online] [Zitat vom: 28. Juni 2010.] http://www.contentmanager.de.

CYA Backup Solution. [Online] [Zitat vom: 28. Juni 2010.] http://www.cya.com.

Danto GmbH. [Online] [Zitat vom: 26. Juni 2010.] http://www.danto.de.

DoCASU. [Online] [Zitat vom: 26. Juni 2010.] http://docasu.sourceforge.net.

EMC/Documentum. [Online] [Zitat vom: 26. Juni 2010.] http://www.emc.com.

Fröschle, Hans-Peter und Reich, Siegfried. 2007. *Enterprise Content Management.* Deutschland : Dpunkt Verlag, 2007. 978-389-864-4563.

Götzer, Klaus, et al. 2008. *Dokumenten - Management.* Heidelberg : dpunkt.verlag GmbH, 2008. 978-3-89864-529-4.

Gulbins, Jürgen, Seyfried, Markus und Strack-Zimmermann, Hans. 1999. *Dokument-Management: Vom Imaging zum Business- Dokument.* Hamburg : Springer-Verlag GmbH, 1999. 978-354-0615958.

ISO 15489. [Online] [Zitat vom: 26. Juni 2010.] http://www.iso.org.

Jablonski, Stefan, Böhm, Markus und (Hrsg.), Wolfgang Schulze. 1997. *Workflow-Management - Entwicklung von Anwendungen und Systemen.* Heidelberg : dpunkt Verlag, 1997. 3-920993-73-X.

jBPM Workflows. [Online] [Zitat vom: 25. Juni 2010.] http://edlovesjava.blogspot.com.

Nuxeo ECMS. [Online] [Zitat vom: 19. Juni 2010.] http://www.nuxeo.com.

OASIS Cover Pages. [Online] [Zitat vom: 22. Juni 2010.] http://xml.coverpages.org/cmis.html.

Office of Government Commerce. 2002. *Best Practice for Service Delivery.* Norwich : The Stationary Office Ltd., 2002. 0113300174.

Optaros. [Online] [Zitat vom: 26. Juni 2010.] http://labs.optaros.com.

Potts, Jeff. 2008. *Alfresco Developer Guide.* Birmingham : Packt Publishing, 2008.

Riggert, Wolfgang. 2009. *ECM - Enterprise Content Management: Konzepte und Techniken rund um Dokumente.* Deutschland : Vieweg+Teubner, 2009. 978-383-480-8417.

SAS ETL Studio. [Online] [Zitat vom: 19. Juni 2010.] http://www.sas.com.

Shariff, Munwar, et al. 2009. *Alfresco 3 Enterprise Content Management Implementation.* Birmingham : Packt Publishing Ltd., 2009. 978-1-847197-36-8.

SugarCRM. [Online] [Zitat vom: 28. Juni 2010.] http://www.sugarcrm.com.

The Java Community Process Program. [Online] [Zitat vom: 22. Juni 2010.] http://www.jcp.org/en.

TheVARguy. [Online] [Zitat vom: 18. Juni 2010.] http://www.thevarguy.com.

Westernacher Alfresco Consulting. [Online] [Zitat vom: 28. Juni 2010.] http://www.weternacher.com.

Zöller, Bernhard, Gulbins, Jügen und Baumeister, Hans D. 2005. *Dokumenten-Management: vom Archiv zum Enterprise-Content-Management.* Bonn : Verband Organisations- und Informationssysteme, 2005. 978-393-289-8112.

BEI GRIN MACHT SICH IHR WISSEN BEZAHLT

- Wir veröffentlichen Ihre Hausarbeit,
  Bachelor- und Masterarbeit

- Ihr eigenes eBook und Buch -
  weltweit in allen wichtigen Shops

- Verdienen Sie an jedem Verkauf

Jetzt bei www.GRIN.com hochladen
und kostenlos publizieren